LES PETITS LIVRES DE M. LE CURÉ,

Bibliothèque du Presbytère, de la Famille et des Écoles.

VIE

DE

SAINTE GENEVIÈVE,

Patronne de Paris,

PAR

M. F. VALENTIN.

PAUL MELLIER, ÉDITEUR,

PLACE SAINT-ANDRÉ-DES-ARTS, 11.

centimes broché; 35 centimes cartonné.

34

DENIS-AUGUSTE AFFRE, par la miséricorde divine et la grâce du Saint-Siége Apostolique, Archevêque de Paris.

MM. Plon et Paul Mellier, éditeurs, ayant soumis à notre approbation les ouvrages ci-dessous indiqués, faisant partie d'une collection ayant pour titre : LES PETITS LIVRES DE M. LE CURÉ, BIBLIOTHÈQUE DU PRESBYTÈRE, DE LA FAMILLE ET DES ÉCOLES, savoir : *Histoire de Saint Vincent de Paul*, 1 vol.; *Histoire de Sainte Geneviève*, 1 vol.; *l'Habitant des Ruines*, 1 vol.; *le Contre-Maître*, 1 vol.; *le Père Lejeune*, 1 vol.; *Comment on devient heureux*, 1 vol.; *la Visite aux Prisonniers*, 1 vol.; *les Pains de six livres*, 1 vol.; *les Péchés capitaux*, 2 vol.

Nous les avons fait examiner, et, sur le rapport qui nous en a été fait, nous avons cru qu'ils pouvaient offrir aux personnes auxquelles ils sont destinés une lecture intéressante et sans danger.

Donné à Paris, sous le seing de notre Vicaire-Général, le sceau de nos armes et le contre-seing de notre Secrétaire, le quatorze mars mil huit cent quarante-quatre.

F. DUPANLOUP,
Vicaire-général.

Par Mandement de Monseigneur
l'Archevêque de Paris :

E. HIRON,
Chanoine honoraire, pro-secrétaire.

C.

LES
PETITS LIVRES DE M. LE CURÉ,

BIBLIOTHÈQUE
du Presbytère, de la Famille et des Écoles.

VIE

DE

SAINTE GENEVIÈVE,

PATRONNE DE PARIS,

PAR

M. F. VALENTIN.

PARIS,
CHEZ PAUL MELLIER, ÉDITEUR,
PLACE SAINT-ANDRÉ-DES-ARTS, 11,

1844

IMPRIMÉ PAR BÉTHUNE ET PLON, A PARIS.

VIE

DE

SAINTE GENEVIÈVE,

Patronne de Paris.

I.

Naissance et enfance de sainte Geneviève.

Le village de Nanterre, à deux lieues de Paris, sur le bord de la Seine, est à jamais célèbre pour avoir été le berceau de sainte Geneviève. L'illustre patronne de Paris y naquit dans la condition la plus humble, vers l'an 423, sous le quinzième consulat de Théodose, et sous le quatrième de Valentinien III. Son père s'appelait Sévère, et sa mère Géronce : ils appartenaient à cette classe de cultivateurs aisés qui anciennement gardaient leurs propres troupeaux, et habitaient une simple chaumière située à l'endroit même où s'éleva dans la suite la chapelle de la sainte. Ces bonnes gens, qui étaient chrétiens, firent baptiser leur fille, et l'initièrent de bonne heure aux enseignements sublimes de la religion chrétienne, qui commençaient à revivifier la société gauloise plongée depuis des siècles dans la dépravation la plus profonde par les erreurs grossières du paganisme. L'enfant profita si bien des leçons paternelles qu'elle s'attira l'attention de tous dans le village par sa piété, la vivacité de son esprit et la justesse de son raisonnement. Chacun admirait la noblesse de son maintien, son regard qui révélait quelque chose de surhumain, et l'air réfléchi qu'elle conservait jusqu'au milieu de ses divertissements.

Geneviève n'avait encore que sept ans lorsque Dieu, qui veillait sur elle, fit naître l'occasion qui devait fixer sa destinée. Saint Germain, évêque d'Auxerre, et saint Loup, évêque de Troyes, non moins célèbres par leur savoir et leur éloquence que par leur piété et leurs vertus, avaient reçu du dernier concile des Gaules la mission d'aller en Grande-Bretagne combattre les doctrines de l'hérétique Pélage qui menaçaient d'embraser la chrétienté.

Les deux prélats, après avoir traversé Paris, arrivèrent en 430 à Nanterre dans le but d'y prêcher la religion du Christ, comme ils faisaient partout sur leur route. Aussitôt tous les habitants du village, hommes, femmes et enfants, accoururent pour saluer saint Germain et implorer sa bénédiction (1). Geneviève se trouvait dans la foule avec ses parents; tandis que le prélat faisait entendre sa parole pleine d'onction et de charité, la jeune fille s'était insensiblement approchée de lui et l'écoutait avec une gravité et une attention au-dessus d'un enfant de son âge. Saint Germain, l'ayant remarquée, s'interrompit : il venait, à la faveur d'une lumière que lui communiquait l'esprit de Dieu, de découvrir, à travers cette gravité et cette modestie si précoces, une de ces âmes destinées à servir Dieu et à exercer une salutaire influence sur les hommes. Il fit donc signe à Geneviève de venir à lui ; celle-ci, fendant la presse, accourut avec la candeur et la décence d'un ange. Le bon prélat, lui ouvrant ses bras, la reçut avec effusion Les réponses sensées de la jeune fille aux questions qu'il lui adressa achevèrent de le convaincre qu'il ne s'était pas trompé

(1) Avant de se consacrer à la défense de la religion chrétienne, saint Germain avait exercé long-temps des offices temporels; il avait été successivement avocat au barreau romain, puis duc de la milice dans les Gaules et gouverneur de la Marche Armorique. Ces fonctions remplies avec éclat avaient déjà rendu son nom populaire lorsqu'il se voua au service des autels. Cette circonstance explique l'empressement des habitants de Nanterre pour voir le prélat et entendre ses prédications.

sur son compte, et, après avoir conféré un instant avec elle, il félicita ses parents d'avoir donné le jour à un enfant prédestiné. « Heureux a été le jour de sa naissance, leur dit-il ; car non-seulement la fête était dans votre cœur et dans votre maison, elle avait encore lieu au ciel. Votre fille sera grande un jour devant Dieu et devant les hommes. »

Le prélat interrogea ensuite Geneviève sur les idées qu'elle se formait de l'amour de Dieu et quels étaient les devoirs qu'elle comptait s'imposer à l'égard de ce souverain maître. La jeune fille, insensiblement enhardie par l'affectueuse douceur de l'évêque, lui déclara avec empressement qu'elle voulait vivre chaste et vierge, et ne porter jamais d'autre titre que celui d'épouse de Jésus-Christ. A ces paroles, le saint étendit les mains sur son front, et lui donna sa bénédiction ; puis, il la conduisit à l'église du lieu, accompagné du peuple et du clergé qui avaient peine à revenir de leur surprise et de leur émotion. Durant le chant des psaumes et des prières, le saint ne cessa de l'avoir à côté de lui : il la retint encore pendant le repas qui lui fut offert dans la maison d'un des habitants du village, et ne la renvoya qu'après avoir fait promettre à ses parents de la lui ramener le lendemain avant son départ.

Le lendemain, en effet, au lever du soleil, Geneviève, qui toute la nuit avait eu présentes à la pensée la voix persuasive du prélat, et son encourageante bonté, fut exacte au rendez-vous. Accompagnée de ses parents et de plusieurs villageois qu'animait un sentiment mêlé de curiosité et de vénération, elle se rendit à l'église où l'attendait déjà son second père. « Jeune fille, lui dit le prélat, te souviens-tu de la promesse que tu m'as faite hier de conserver ton corps exempt de toute souillure? — Oui, répondit l'enfant avec énergie, et j'espère y être fidèle avec le secours de la grâce divine. » Le saint évêque, charmé d'une aussi belle réponse, l'exhorta à persévérer dans les mêmes sentiments; puis, apercevant à ses pieds une médaille de cuivre sur laquelle était gravé le signe de la rédemption, il la ramassa et la mit au cou de la jeune fille en lui recommandant de la porter sans cesse en mémoire de la consécration qu'elle venait de faire à Dieu de sa personne. « Surtout, ajouta-t-il d'un ton solennel, garde-toi de fixer jamais à ton doigt ou à ton cou, aucun de ces colliers de perles, de ces bracelets, de ces bijoux d'or et d'argent, qui sont l'apanage des fiancées des hommes. Les joyaux de l'épouse de Dieu doivent être renfermés dans son cœur. » Après cette cérémonie toute primitive et qui était dans les mœurs de l'époque, l'évêque recommanda aux parents de Geneviève de veiller sur le précieux dépôt qu'il leur confiait et reprit sa route vers le Nord.

II.

Geneviève s'instruit dans les sciences; elle s'affermit dans la foi et prend le voile.

Après son entrevue avec saint Germain, Geneviève renonça complètement aux jeux de son âge, et vécut paisible et en famille, partageant son temps entre la prière et les travaux de l'agriculture. Lorsqu'elle avait accompli ses devoirs religieux, elle allait sur la colline qui avoisine Nanterre faire paître les troupeaux de son père. Mais celle que Dieu avait choisie pour servir de modèle aux autres femmes ne devait pas rester une bergère ignorante et vulgaire. A mesure que son âme d'élite se détacha de la terre pour s'élever vers le ciel, Geneviève comprit qu'elle n'était pas ici-bas uniquement pour conduire ses brebis aux champs, les surveiller avec zèle et les ramener le soir

au bercail; elle avait un rôle plus noble et
plus utile à remplir. Dans la classe à laquelle
elle appartenait, il y avait bien des peines,
bien des douleurs dont elle était chaque jour
témoin et qui réclamaient des secours et des
consolations. C'était ces souffrances qu'elle

aspirait à soulager. Dès lors, s'abandonnant à la vie contemplative, elle se mit à soulever d'elle-même le voile de la science, et à s'initier peu à peu à ses mystères, si bien qu'au bout de quelques années elle possédait des connaissances très-variées, surtout en médecine, science qui était alors l'application de toutes les autres connaissances; car, dans ces temps reculés, l'art de guérir n'était pas exercé par une classe spéciale d'individus; il était l'apanage des intelligences privilégiées, des âmes pieuses, prêtres, nobles, savants, gens de guerre, qui, s'attachant à guérir le corps aussi bien que l'esprit, parcouraient les villes et les campagnes pour donner leur avis sur les symptômes et le siége des maladies. Geneviève en sut bientôt assez pour prendre rang parmi ces bienfaiteurs de l'humanité. Des conseils donnés à propos, des cures heureuses, joints à sa réputation de piété, rendirent son nom populaire. On venait des pays voisins à Nanterre pour la consulter et l'admirer.

Malgré la modestie, malgré la soumission respectueuse de l'enfant à ses ordres, Géronce s'abandonna envers elle aux traitements les plus durs et les plus injustes; elle en vint même à contrarier son penchant pour les exercices de

piété. Un jour de fête solennelle, voulant se
rendre à l'église, elle ordonna à la jeune fille,
qui déjà s'était revêtue de sa plus belle robe
pour l'accompagner, de rester à la maison. En
vain celle-ci, les larmes aux yeux, la conjura
de révoquer cette décision ; en vain elle lui
représenta qu'ayant promis à saint Germain de
servir Dieu et de se vouer entièrement à lui,
il serait inconvenant qu'elle manquât d'assister
au service divin un jour où toutes ses com-
pagnes y assistaient ; Géronce fut inflexible,
et, comme Geneviève insistait avec douceur,
elle s'emporta jusqu'à frapper la pauvre enfant
au visage.

Le coup était à peine porté, que Géronce
sentit se répandre sur ses paupières un nuage
épais qui l'empêcha de voir le chagrin et la
consternation de sa fille : Dieu, sans doute pour
la punir de sa vivacité, venait de la priver de
l'usage de la vue. Lorsqu'elle vit sa mère frap-
pée d'une telle infirmité, la vierge de Nanterre ne se montra que plus soumise et plus
affectueuse. Elle ne se borna pas à demander à
Dieu dans ses prières la guérison de la pauvre
aveugle ; elle l'entoura de tous les soins que
sa sollicitude lui inspirait, et, au bout de vingt
et un mois, elle eut la satisfaction de voir sa

persévérance couronnée d'un plein succès : la
cécité disparut presque aussi subitement qu'elle
était venue, à la suite de deux ou trois frotte-
ments pratiqués par Geneviève avec de l'eau
fraîche puisée au puits qui se trouvait dans la
cour de la maison paternelle, et sur laquelle
elle avait fait le signe de la croix. Dès lors le
peuple attribua à cette eau une vertu surnatu-
relle ; et ce fut l'origine de la dévotion au puits
de Nanterre, dévotion qui s'est conservée fer-
vente et intacte jusqu'à nos jours (1).

Geneviève trouva dans la guérison de sa mère
un nouveau motif de se livrer tout entière à la
religion, dans laquelle elle puisait toutes ses
joies, toutes ses forces et toute ses espérances.
Elle n'eut plus désormais qu'un désir, celui de
se consacrer à Dieu sans partage, en prenant
publiquement le voile. Quand elle fit part à ses
parents de cette sainte résolution, ces pauvres
gens n'essayèrent même pas de combattre une

(1) Ce puits, maintenant enclavé dans une propriété
particulière, est le seul monument qui rappelle aux habitants de Nanterre le souvenir de sainte Geneviève, la
chapelle qui lui était consacrée ayant été détruite depuis long-temps. Une association de fidèles s'occupe en
ce moment de rétablir le culte de la sainte dans le village où elle a reçu le jour, et se propose d'employer
le produit des offrandes qu'elle recueille à l'érection
d'une nouvelle chapelle dans l'église même de Nanterre.

vocation aussi prononcée, et, bien que Geneviève fût la joie de leur âme, les délices de leur
tendresse et la gloire de leur maison, ils préfé-
rèrent l'accomplissement de son vœu à la satisfaction de leur cœur. A quelque temps de là,
on vit s'acheminer vers la ville des Parisiens
une modeste famille toute préoccupée de ses
sentiments religieux : c'étaient Sévère et Géronce qui conduisaient leur fille à l'évêque Fé-
lix pour le prier de vouloir bien lui donner le
voile. La consécration à Dieu de la virginité
des jeunes filles était à cette époque une véri-
table fête chrétienne, où le peuple était convo-
qué et pour laquelle l'église déployait toutes ses
pompes, brûlait tous ses parfums. Quand Geneviève parut devant l'évêque de Lutèce, elle était
accompagnée de deux autres vierges plus âgées
qu'elle. Cette priorité d'âge n'empêcha pas le
prélat, qui connaissait toutes les particularités de
l'enfance de la fille de Sévère, de la mettre à la
première place, en disant que le Seigneur l'a-
vait déjà sanctifiée, paroles qui faisaient allu-
sion à ce qui s'était passé sept ans auparavant
en présence de saint Germain et de saint Loup.
Avec le voile, symbole religieux de la virginité,
Geneviève prit le costume simple et triste qui
s'y rattachait et qui consistait en une tunique

de laine brune et un mantelet noir (1). Elle
avait alors quatorze ans.

III.

Geneviève, orpheline, vient habiter Paris. Elle préserve cette ville des fureurs d'Attila.

Il y avait quelques années que Geneviève avait
embrassé la vie religieuse, lorsqu'un cruel événement vint troubler la tranquillité de son âme :
elle perdit, presque en même temps, les êtres
qu'elle aimait le plus sur la terre, Sévère et
Géronce. Elle fut profondément affligée de la
mort de ses parents. Restée seule, elle se résigna
à dire adieu au village natal, aux champs témoins
du bonheur de son enfance, et vint demander asile
à sa marraine, honnête Parisienne, qui l'accueillit
comme sa fille. Cette femme, dont le nom ne nous
est pas parvenu, vivait dans la médiocrité, habi-

---

(1) Les vierges consacrées du cinquième siècle n'é-
taient pas cloîtrées ; elles étaient disséminées et vivaient chacune séparément dans la mortification, le si-
lence, la retraite, la pauvreté, le travail, les jeûnes, les
veilles et les oraisons. Ce fut Geneviève, comme nous le
verrons plus loin, qui établit le premier couvent dans
les Gaules.

tant une humble retraite dans un des faubourgs
de Lutèce. Geneviève porta chez elle cet esprit
de mortification qui lui avait fait embrasser les
plus grandes austérités de la pénitence, et qui,
joint à la transition subite de l'air pur de la
campagne à l'air lourd et humide de la ville,
au séjour dans une habitation étroite, détermina

une maladie qui mit ses jours en danger. Bien-

tôt ses yeux s'éteignirent, ses veines se déco-
lorèrent, ses lèvres se séchèrent, ses membres
se roidirent et semblèrent frappés de paralysie.
Aux souffrances aiguës qui la torturaient Geneviève opposa la patience la plus silencieuse. Dans
le fort de la fièvre elle avait avec le ciel des entretiens mystiques. Un jour qu'elle était en proie
à un de ces paroxysmes violents, à la suite des-
quels la vie se ranime ou la mort vient, une vision
qu'elle eut pendant son sommeil vint tout à coup
la rassurer ainsi que ceux qui veillaient auprès d'elle : un ange lui apparut au milieu d'un
rayon lumineux, et, après lui avoir montré la
gloire des saints et les supplices des méchants,
il la conduisit jusque sur les marches du trône
de l'Eternel. Dans sa joie, Geneviève étendit les
bras pour saisir cette apparition sublime, et
quand elle s'éveilla elle avait retrouvé l'usage
de ses membres. De ce moment, la malade fut
sauvée, et sa convalescence marcha rapidement.

C'est à la suite de sa maladie que Geneviève
entra dans cette voie d'épreuves que le ciel lui
réservait pour la faire arriver à la connaissance
de la vie. Nulle existence ici-bas, même la
plus pure et la mieux remplie, n'est à l'abri
de l'envie et de la calomnie. La ferveur qu'ap-

portait la sainte fille dans l'accomplissement des préceptes de l'Evangile, l'ingénuité avec laquelle elle parlait des faveurs insignes que l'Esprit-Saint lui avait communiquées, surtout de sa guérison récente, enfin sa vie si pleine d'austérités et d'abnégations, furent autant de prétextes dont s'emparèrent les malintentionnés, ceux qu'offusquait sa renommée, pour la décrier et la perdre. Ils la traitèrent d'hypocrite, de fausse visionnaire, et, à force de répandre contre elle les injures les plus démesurées, les clameurs les plus outrageantes, les imputations les plus odieuses, ils vinrent à bout de trouver créance dans l'esprit de la populace, toujours si facile à égarer.

L'orage formé contre l'honneur de la sainte grondait depuis long-temps et menaçait d'éclater, lorsque saint Germain, que l'hérésie pélagienne appelait de nouveau dans la Grande-Bretagne, repassa par Paris. Comme la première fois, le prélat fut accueilli glorieusement par la population de la ville; son entrée ressembla à un triomphe. Il n'ignorait pas que Geneviève résidait à Paris; plein du souvenir de l'enfant de Nanterre, impatient de savoir ce qu'elle devenait, il se déroba aux honneurs qui l'attendaient, et se dirigea, sans même faire at-

tention à la foule qui marchait sur ses pas, vers
la demeure que la vierge habitait avec sa marraine. Il la trouva triste et abîmée dans la
douleur. Désirant connaître la cause d'un tel
désespoir, l'évêque la pressa de questions;
Geneviève alors lui raconta l'odieuse intrigue
dont elle était victime et les coups portés à

sa réputation par la calomnie. Le bon prélat,

convaincu plus que jamais de la sainteté de
la jeune fille, la reprit avec douceur de s'a-
bandonner ainsi à la douleur, et parvint par
ses exhortations paternelles à rendre à cette
âme affligée sa sérénité première; puis, s'a-
dressant à la foule qui l'avait suivi, et mon-
trant à ceux qui étaient le plus près de lui
les dalles de l'humble réduit de la vierge
creusées par ses génuflexions et encore tout
humides des larmes que la méchanceté lui
avait fait répandre, il leur reprocha leur injus-
tice en termes aussi touchants qu'énergiques.
Cette allocution produisit son effet : le repentir
entra dans le cœur du plus grand nombre, et la
calomnie retomba sur ceux qui en étaient les
auteurs.

Les années qui suivirent la visite de saint
Germain furent assez tranquilles; Geneviève,
respectée par les méchants, rentra dans les
douces habitudes de sa vie contemplative et la-
borieuse, remplissant ses devoirs de chrétienne
tantôt dans l'église de Saint-Étienne-des-Grecs,
ou des Grès, fondée par saint Denis, tantôt dans
la chapelle de la Trinité, nommée ensuite Saint-
Benoît, ce qui ferait croire que sa demeure,
sur laquelle nous manquons de renseigne-
ments précis, était située dans le faubourg

Saint-Jacques (1). Toutefois le calme au milieu duquel vivait sainte Geneviève n'était
qu'apparent : au loin s'amoncelait un orage
qui bientôt allait fondre sur la paisible Lutèce.
L'empire romain, ce colosse composé de tant
d'éléments divers et dont le joug depuis plus
de quatre siècles pesait sur la Gaule, avait accompli ses destinées et tombait pièce à pièce
sous les coups répétés des Barbares. Un de ses
plus terribles adversaires, à l'époque qui nous
occupe, était Attila. Ce farouche roi des Huns
venait de passer le Rhin avec une armée de
sept cent mille hommes, guerriers sauvages
dont les exploits sanglants et les mœurs cruel-
les étaient connus. Ces hommes, qui n'avaient
d'autre culte que celui du sabre, et qui, entre
autres coutumes barbares, ornaient la tête de
leurs coursiers avec la chevelure des ennemis tués dans le combat, répandaient partout
sur leur passage la dévastation et la mort. Après
avoir emporté Mayence, Spire, Worms, Stras-
bourg, Trèves, Cologne, où il fit mourir onze
mille vierges, Metz, où il fit massacrer les

(1) Plusieurs historiens du vieux Paris ont avancé que
la demeure de sainte Geneviève était située dans une
des rues de la Cité, celle de la Calandre; mais leur as-
sertion n'est appuyée d'aucune preuve; il ne faut donc
les regarder que comme une supposition.

prêtres jusque sur l'autel, celui qui osait se dire *la Terreur de l'univers* et *le Fléau de Dieu* se dirigea à pas de géant du côté de la cité parisienne. A cette nouvelle, le désordre fut grand dans Lutèce; les habitants effrayés, ne se croyant pas en sûreté dans leur ville, protégée seulement par la Seine, résolurent de l'abandonner pour se retirer dans quelque place mieux fortifiée.

C'est alors que commence le nouveau rôle de Geneviève : jusqu'ici cette fille sublime s'est attiré l'admiration publique par sa piété et ses actes de charité; maintenant elle va la conquérir par son patriotisme et l'influence qu'elle exerce sur les événements de son siècle. Au milieu de l'agitation générale produite par l'approche d'Attila, Geneviève seule, calme et confiante en Dieu, comme autrefois Judith et Esther, se met à prier et à veiller, et promet aux Parisiens qu'ils éprouveront les effets de la protection divine s'ils veulent suivre son exemple. Quelques femmes, touchées de ses discours, vont se renfermer avec elle dans le Baptistère public (1), et y passent plusieurs

---

(1) Ce Baptistère était dans l'ancienne église appelée depuis *Saint-Jean-le-Rond*.

jours dans les exercices de la prière et de la pénitence. Tout à coup Geneviève apprend la réunion des armées romaines et visigothes sous le commandement d'Aétius et de Théodoric ; 'esprit de prophétie dont elle est douée lui fait deviner que ces deux généraux, marchant à la rencontre de l'ennemi commun, arriveront à temps pour sauver Paris. Aussitôt, les yeux étincelants de joie, le front rayonnant de sécurité, elle se met à parcourir la ville, arrête par sa voix douce et persuasive les nombreuses troupes d'émigrants qu'elle rencontre, et, pénétrant jusqu'au sein de l'assemblée des citoyens, sorte de pouvoir municipal qui s'occupait de la chose publique en l'absence des magistrats romains qui avaient pris la fuite, elle lui fait partager sa confiance.

Mais le peuple ne se relève pas aussi facilement de son effroi : excité secrètement par les ennemis de Geneviève, il gronde d'abord sourdement, méprise les prédictions de la sainte, et la traite de magicienne et de fausse prophétesse. Bientôt des murmures s'élèvent, une foule furieuse et égarée, fait entendre des cris de mort. Des forcenés s'emparent de Geneviève, lui lient les mains derrière le dos, et la traînent vers la rivière où elle est sur le point d'être jetée, lorsqu'un sauveur lui arrive : c'est l'archidiacre Sédulius, envoyé de l'évêque saint Germain. Exécuteur des dernières volontés de son maître, décédé à Ravenne en 450, il apporte à la sainte les *eulogies*, ou présents sacrés, qu'à sa dernière heure le prélat l'a chargé de lui remettre en signe d'union et d'amitié. En voyant le danger que court Geneviève, Sédulius fend la presse et s'écrie d'une

voix forte : « Malheureux ! qu'allez-vous faire ?

Immolerez-vous celle que Dieu a marquée de
son sceau ; celle que saint Germain, que chacun de vous aimait et honorait, a proclamée
sainte, et à laquelle il a donné tant de témoignages d'estime et de respect ? Vous accusez
cette femme de mensonge et d'imposture ; mais,
moi, qui viens de l'Italie, j'affirme que ce
qu'elle vous a annoncé est la vérité. Les Romains
et les Visigoths réunis s'avancent à grandes
journées ; ils touchent au terme de leur marche, et les Barbares, soyez-en sûrs, ne péné-
treront pas dans vos murs. » Ces paroles pro-
duisent sur la foule un effet presque magique ;
les plus acharnés même abandonnent leur proie
et, rougissant de l'indignité de leur conduite,
reviennent peu à peu à des sentiments plus
conformes à l'humanité et à la religion. Quand
ils virent que l'événement avait justifié la pré-
diction de la sainte, que les Huns, poussés l'é-
pée dans les reins par Aétius et Théodoric,
s'étaient détournés tout à coup et se dirigeaient
sur Orléans, ils conçurent pour elle la plus
grande vénération ; ses communications avec
Dieu devinrent désormais manifestes pour tous.
C'est ainsi que la future capitale du royaume
chrétien fut sauvée de la destruction par les
prières et la persévérance d'une simple femme.

IV.

Fondation de l'église de Saint-Denis. — Siége de Paris par Childéric.

Tandis que la renommée de Geneviève grandissait dans l'esprit du peuple, la sainte continuait sa vie de piété et de contemplation. Outre toutes les vertus qu'elle professait, elle avait encore une très-grande dévotion envers plusieurs saints, qui étaient pour elle comme autant de modèles de conduite, notamment envers saint Denis, premier évêque de Paris, ainsi qu'envers saint Rustique et saint Eleuthère, ses compagnons. On la rencontrait souvent franchissant à grands pas cette large voie romaine qui traversait Paris dans toute sa partie septentrionale, et qui conduisait au village de l'Estrée (1) (aujourd'hui Saint-Denis), où s'élevait une chapelle ou oratoire construit à l'endroit même où furent dé-

_____

(1) Du mot latin *strata*, chemin, parce qu'il était situé sur le bord du chemin qui conduisait de Paris à Soissons.

capités ces pieux martyrs, qui doivent être rangés parmi les premiers prédicateurs de la foi dans les Gaules. Agenouillée sur l'humble pierre qui recouvrait leurs restes, elle consacrait de longues heures à prier et à passer en revue leurs mérites, leurs voyages lointains pour prêcher l'Évangile et les persécutions qui en avaient été la suite. Une chose cependant l'attristait : c'était de voir le petit édifice qui renfermait de si précieuses dépouilles en proie à la dégradation et tomber en ruines. Après avoir long-temps gémi sur l'oubli dont ces serviteurs de Dieu étaient l'objet, elle conçut tout à coup une de ces résolutions hardies que sa constance seule pouvait mener à fin. Saint Denis et ses compagnons auront désormais une église digne d'eux, et c'est Geneviève qui se chargera de la faire construire. Depuis quelques années sa marraine était morte, et lui avait laissé quelques ressources : la sainte fille en consacre une partie à commencer l'œuvre qu'elle médite; puis, après avoir pris l'avis de quelques ecclésiastiques influents dans le pays, elle se met à solliciter les riches, et, par ses pieuses sollicitations, elle les fait contribuer aux frais du nouvel édifice. Quand elle eut réuni assez d'offrandes, elle enrôla des ouvriers, acheta des matériaux,

et la construction marcha rapidement sous sa
direction ; car elle était sans cesse au milieu des
travailleurs, les encourageant par sa présence
et pourvoyant à tous leurs besoins. L'église
achevée, on l'inaugura sous le vocable de Saint-
Denis-de-l'Estrée. Cette église, qui fut pour la
sainte, pendant le reste de sa vie, un lieu de
pèlerinage, où elle se rendait souvent avec
plusieurs vierges, ses amies, s'agrandit insensiblement, et devint, au septième siècle, une
abbaye très-florissante qui eut depuis l'honneur
de servir de sépulture aux rois de France.

A peine Geneviève a-t-elle accompli la tâche
que sa foi lui a imposée, qu'elle reparaît au
premier plan du tableau animé que vont offrir
les événements politiques dans la cité parisienne. Attila, battu dans la plaine de Méry-
sur-Seine par Aétius et Théodoric, n'eut pas
plus tôt quitté le territoire des Gaules, que d'autres Barbares, s'élançant sur la route qu'il avait
ouverte, achevèrent de ruiner la puissance romaine dans ces riches contrées qu'elle ne savait
plus garder. Un des chefs de ces nouvelles
hordes était Childéric, roi des Franks, établi
depuis quelques années à Cambrai. Ce prince,
profitant de l'absence des légions romaines
occupées à combattre dans le midi, repri

sa marche en avant, et menaça bientôt Paris.
Mais la frayeur ne régnait plus dans cette ville
comme au temps d'Attila ; elle refusa d'ouvrir
ses portes et se montra disposée à la résistance.
Le roi frank, n'ayant avec lui qu'une armée
peu nombreuse, ne voulut pas s'exposer à l'em-
porter d'assaut ; il aima mieux la bloquer étroi-
tement, espérant la réduire par la famine.
L'enthousiasme des assiégés se maintint tant
que durèrent leurs approvisionnements ; mais,
quand il fut question de ravitailler la ville, les
difficultés qu'on rencontra firent naître le mur-
mure et le découragement parmi la population
qu'accablèrent bientôt toutes les angoisses de
la faim. Dans ce moment de crise que fait Geneviève ? Accoutumée à vivre dans l'abstinence
et les privations, la nécessité n'a pas de prise
sur elle ; mais elle ne peut voir sans compas-
sion les souffrances d'autrui, et le pauvre peuple mourir sur le pavé des rues. Son dévoue-
ment lui a bientôt inspiré une résolution.
Instruite que les Franks n'occupent point les
cités champenoises baignées par la Seine, elle
offre de s'y rendre pour acheter des provisions
qu'elle promet de ramener dans le plus bref
délai. Sa proposition est accueillie de tous
comme un heureux présage, et, malgré la dif-

ficulté de l'entreprise, personne ne doute qu'elle n'accomplisse sa promesse.

Munie d'une somme d'argent considérable, Geneviève trompe la surveillance des chefs ennemis, et part avec douze grosses barques dont elle dirige la marche avec autant de résolution que d'habileté. Sur toute sa route éclatent les signes les plus manifestes de la protection divine. Encouragés par elle, les mariniers triomphent de tous les dangers, et franchissent tous les obstacles que leur présente le cours de la rivière. Lorsqu'elle est parvenue à Arcis-sur-Aube, elle voit accourir à sa rencontre le seigneur de l'endroit, qui vient la prier de descendre en sa maison pour donner sa bénédiction à sa femme paralytique. Geneviève, qui n'a rien à refuser au malheur, se rend auprès de la malade qui, depuis quatre ans, ne peut se tenir debout ni s'aider de ses membres. Aussitôt elle lui prodigue toutes les consolations que lui suggère son âme compatissante et se met à prier en sa faveur. La moribonde sent peu à peu ses forces revenir, et, quand elle veut remercier la sainte, la paralysie a disparu et il lui est permis de se lever.

Le bruit de cette cure miraculeuse précéda

Geneviève à Troyes. Aussi, quand elle entra
dans cette ville, y fut-elle accueillie par la population comme un génie bienfaisant, comme
un ange tutélaire envoyé de Dieu pour cal-
mer les maux, adoucir les souffrances. C'était à
qui pourrait l'approcher pour implorer sa protection. Le fils lui demandait la guérison de son
père; la mère, la guérison de son enfant. Geneviève, toujours douce et pleine de charité, écouta
toutes les supplications, se rendit à tous les dé-
sirs, et remplit les vœux de plusieurs. Avant
de quitter Troyes, elle exauça un dernier vœu
des Champenois : elle leur partagea un de ses
vêtements, dont chaque fragment devint entre
les mains de son possesseur une relique précieuse, destinée à être invoquée contre les mi-
sères de la vie.

Au milieu des témoignages d'estime et de vénération qu'elle recevait de toutes parts, Geneviève n'avait pas perdu de vue l'objet de son
voyage. Quand elle eut acheté suffisamment de
blé pour charger ses douze bateaux, elle se
hâta de redescendre sur Paris, afin de rendre
promptement la vie aux malheureux qu'elle
avait laissés mourants de faim. On naviguait depuis quelque temps, quand la flottille fut sou-
dainement assaillie d'une tempête qui menaça

d'engloutir les précieuses provisions. Dans cet extrême danger, Geneviève, s'agenouillant et élevant ses mains suppliantes vers le ciel étince-

lant d'éclairs, se mit à prier avec ferveur. Aussitôt le vent se calma, la pluie cessa et les embarcations purent continuer leur route jusqu'à Paris, où elles furent reçues avec un enthou-

siasme mêlé d'étonnement ; personne ne pouvait
comprendre comment elles avaient pu traverser
la ligne ennemie sans être capturées. Chargée
de distribuer elle-même le trésor qu'elle venait
d'introduire au péril de sa vie ou de sa liberté,
Geneviève le fit avec sa sagesse ordinaire : les
classes pauvres et laborieuses furent particulièrement l'objet de ses largesses.

Toutefois les secours procurés par Geneviève ne pouvaient durer long‑temps ; les
vivres qu'elle avait amenés touchèrent bientôt à leur fin, et la famine, avec le hideux
cortége de maux qu'elle traîne à sa suite,
menaça de reparaître plus cruelle que jamais. Les Parisiens s'arrêtèrent alors au seul
parti qu'il leur fût possible de prendre : ils se
résignèrent à capituler. Childéric, en considé‑
ration de la noble conduite de Geneviève, se
montra favorablement disposé : il accorda la vie
sauve aux assiégés, et fit son entrée dans Lutèce, qui fut désormais une conquête acquise à
sa race.

Le chef barbare fut à peine descendu de che-
val, qu'il se fit amener celle dont il avait enten-
du dire de si merveilleuses choses. A la vue de
l'humble servante de Dieu, il sentit sa fierté
s'abaisser. Le regard inspiré de la vierge chré-

tienne avait dompté le caractère fougueux du conquérant. Dès lors s'établit entre ces deux personnages de mœurs et de religion si différentes un lien d'estime et de bonne intelligence qui fut la source d'une foule d'actions généreuses accomplies par le chef frank à l'avantage des Parisiens. Plusieurs criminels avaient été condamnés à mort et allaient être exécutés. Childéric, se doutant bien que, si la sainte l'apprenait, elle ne manquerait pas d'intercéder pour eux, ordonna que le supplice eût lieu sans éclat hors de la ville, dont il fit fermer les portes. Mais toutes ces précautions furent inutiles : la chose ne fut pas tenue tellement secrète qu'elle ne parvînt aux oreilles de Geneviève ; aussitôt elle part, force par l'ascendant de sa parole les gardiens des portes à lui livrer passage, et arrive sur le lieu du supplice au moment même où la hache va se lever sur la tête des coupables. Une première fois ses instances sont rejetées ; mais la sainte ne se rebute pas : elle se jette aux genoux du barbare et intercède de nouveau. En voyant son attitude suppliante, que son regard et ses mains élevées vers lui rendent encore plus éloquente, Childéric ne peut se défendre d'un sentiment d'attendrissement ; bientôt son courroux s'apaise, et la cause des prisonniers est gagnée.

V.

Voyages et miracles de Geneviève. — Elle fonde un couvent à Paris.

La ville des Parisiens ne fut pas la seule qui ressentit les heureux effets de la vertu et de la puissance de Geneviève. Peu de temps après sa victoire sur l'esprit inculte de Childéric, elle entreprit une sorte de pérégrination, et partout où elle passa sa bonté l'accompagna ; partout elle répandit quelque bienfait, elle accomplit quelque bonne œuvre. Nous rapporterons ici quelques-uns des miracles qu'elle opéra. La première ville que la sainte visita fut Meaux, où elle possédait quelques parcelles de terre, héritage de sa marraine, dont le mince revenu la

faisait vivre. Elle y retrouva un certain Frumi-
nius, qui, guéri précédemment par elle d'une
surdité rebelle, avait rendu son nom populaire
dans la capitale de la Brie; aussi la foule ac-
courut-elle au-devant de la sainte dans les
transports de la plus vive allégresse. On lui
présenta plusieurs personnes atteintes d'infir-
mités, et, parmi celles dont elle obtint la
guérison, on cite une jeune servante, qu'elle
délivra d'une maladie qui la condamnait à l'i-
naction, et un homme à qui elle rendit l'usage
d'un bras et d'une main paralysés.

De Meaux, Geneviève se rendit à Laon; elle
était attirée dans cette ville par le désir d'y
voir un des plus célèbres prélats de la Gaule,
saint Remy, archevêque de Reims, avec lequel
elle devait partager la gloire de donner à la
France un roi chrétien. A Laon, comme à
Meaux, ce fut le même empressement, le
même concours de la part du peuple pour la
voir et implorer son secours. Au nombre des
suppliants se trouvaient les parents inconsola-
bles d'une jeune fille paralysée depuis neuf
ans. La peinture qu'ils firent de l'état de cette
malheureuse émut la pitié de Geneviève, qui
consentit à la visiter. Arrivée près du lit où
gît la malade, elle promène d'abord ses mains

sur ses membres frappés d'insensibilité, invo-

que ensuite l'intervention divine ; puis, s'adres-
sant à la jeune fille : « Si tu étais rendue à la
santé, lui dit-elle, viendrais-tu avec moi à l'é-
glise rendre grâces à Dieu ? — Oh ! oui, ré-
pond la pauvre enfant. — Eh bien ! lève-toi et
habille-toi. » La jeune fille n'ose croire ce qu'elle

entend. Cependant elle essaie de faire ce que lui prescrit la sainte; elle parvient d'abord à se lever, ensuite à s'habiller sans le secours de personne. Aussitôt elles partent toutes deux et vont à l'église pour remercier Dieu, aux applaudissements de la foule, qui reste plongée dans l'admiration à la vue du prodige qui vient de s'accomplir. L'histoire se tait sur l'entrevue de Geneviève avec saint Remy. Quand la sainte retourna à Paris, la jeune fille qu'elle avait pour ainsi dire rendue à la vie voulut lui témoigner sa gratitude en la reconduisant avec sa famille et en ne la quittant qu'à une certaine distance de Laon.

Cependant les années s'écoulaient, et Geneviève subissait la loi commune : elle vieillissait. Avant de succomber sous le poids de l'âge, elle voulut faire un pèlerinage au tombeau de saint Martin de Tours. Ce pèlerinage la fit passer par Orléans, où elle s'arrêta quelques jours pour honorer la mémoire de saint Aignan, dernier évêque de cette ville, dans la chapelle qu'on lui avait élevée. A Orléans, la sainte s'embarqua sur la Loire pour descendre à Tours. Le bateau qu'elle montait avait à peine quitté le rivage, qu'il fut assailli par une tempête qui menaça de le submerger. Le tonnerre grondait

avec un fracas épouvantable : la pluie tombait
par torrents. Geneviève, seule calme au milieu
de l'effroi qui s'était emparé de tous ses compagnons de voyage, prit le commandement de
la frêle embarcation, comme elle avait fait autrefois sur la Seine, et aussitôt les éléments
déchaînés, semblant lui obéir, s'apaisèrent. A
peine débarquée à Tours, elle s'empressa de se
rendre au sépulcre miraculeux de saint Martin.
Pendant qu'elle y faisait sa prière, elle vit
venir à elle plusieurs énergumènes et possédés
du démon disant à la multitude que c'était
eux qui avaient mis en péril la vie de la
sainte tout le long de la Loire. Geneviève eut
pitié de ces malheureux; elle entra dans l'é-
glise, toucha d'un signe de croix le front de
chaque possédé, et aussitôt l'esprit malin qui
était en eux prit la fuite. Ce miracle eut
un grand retentissement et contribua à aug-
menter la réputation de notre sainte, qui déjà
avait pénétré jusque dans les contrées les plus
reculées. On la connaissait en Orient aussi
bien qu'en Occident. Saint Siméon d'Antioche avait pour elle la plus grande vénération. On raconte que ce disciple de saint Jean
Chrysostome, qu'on a surnommé *Siméon
Stylite* ou *Siméon de la colonne,* parce que

pendant quarante ans il avait habité parpéni-
tence une colonne située hors de la ville, ne
voyait jamais passer dans Antioche un mar-
chand ou pèlerin dont les traits ou les vêtements révélaient une origine gauloise, sans lui
enjoindre d'aller saluer Geneviève de sa part à
son retour dans sa patrie, et de lui demander
le secours de ses prières.

Geneviève, de retour à Paris, résolut d'accomplir un projet qu'elle méditait depuis long-
temps. L'exemple de ses vertus et de son dé-
vouement à soulager les maux de cette vie avait
fait naître une salutaire émulation parmi les
femmes que le malheur ou leur penchant dé-
goûtait des vanités du monde. Chaque jour elle
voyait venir à elle quelque veuve ou quelque
jeune fille pour la prier de l'aider de ses conseils et demander à prendre le voile. Geneviève
les recevait avec bonté, et jamais sa protection
ne fit défaut à celles qu'elle reconnaissait ani-
mées d'un sincère amour de Dieu. Le nombre
de ces dernières finit par s'accroître à tel point,
que la sainte, hors d'état de les surveiller,
parce qu'elles vivaient séparément, entreprit de
les réunir et de fonder une congrégation. Ce
fut avec le produit de sa petite propriété de
Meaux qu'elle accomplit cette œuvre charitable.

Elle fit bâtir à Paris, à l'endroit où s'éleva plus tard l'église de Saint-Jean-en-Grève, une maison commune dont ses vertus si chastes devinrent la principale règle. Cette maison, qui fut le premier monastère de filles établi en France, fut administrée par Geneviève elle-même pendant le reste de sa vie (1). C'est là que brillèrent dans tout leur éclat les habitudes austères qu'elle s'était imposées dès sa jeunesse. Afin de pouvoir donner davantage aux pauvres, elle se soumettait aux plus dures privations, jeûnant plusieurs jours de la semaine, et encore les jours ordinaires ne se nourrissait-elle que de pain d'orge et de fèves cuites à l'eau ; la viande et le vin lui étaient inconnus. Telle était la puissance et la force de sa nature, que, sans être fatiguée de la vie agitée qu'elle menait pendant le jour, au milieu des souffrances de toute espèce qu'il lui fallait soulager, des nombreux gémissements qu'il lui fallait entendre, elle pouvait encore se livrer aux veilles les plus

(1) Le couvent fondé par sainte Geneviève ne lui survécut que peu de temps. Il fut rétabli plus tard par un officier de saint Louis, Etienne Haudry, en faveur des veuves, qui, de son nom, furent appelées *Haudriettes*. Il ne reste plus aujourd'hui de cette institution bienfaisante que le souvenir.

ardues et passer une partie de la nuit à prier
et à s'entretenir avec Dieu.

VI.

**Clovis à Paris. — Geneviève triomphe de la
rudesse du héros barbare et le dispose à embrasser le christianisme.**

Cependant la domination des Francs s'affer-
missait chaque jour davantage dans la Gaule.
A Childéric avait succédé en 481 Clovis, son
fils, qui, après avoir vaincu le général romain
Siagrius à Soissons, se présenta devant Paris
où il entra sans résistance. Les victoires du
jeune guerrier, son habileté dans les négocia-
tions, son caractère à la fois ferme et souple,
la dignité de son maintien, l'avaient mis depuis
quelque temps en relief : c'était l'homme du
jour, celui vers lequel se tournaient tous les
regards de l'Occident. Geneviève fut honorée
par lui de la même bienveillance qu'elle avait
rencontrée chez Childéric. Dès le début il
s'établit entre eux deux une intimité par-
faite. Dans les nombreux entretiens qu'ils
eurent ensemble, Clovis développa à la sainte
tous les projets de conquête et d'organi-

sation qu'il roulait dans sa tête ardente ; il lui apprit entre autres qu'une fois qu'il serait maître de la Gaule, il se proposait de former de toutes les provinces de cette contrée un tout compacte, un seule royaume homogène. Ce projet était grand, et révélait chez son auteur des idées nobles et élevées ; Geneviève y applaudit, mais en même temps elle donna à entendre à Clovis que pour atteindre ce but il ne suffisait pas d'établir l'unité politique, qu'il fallait encore opérer l'unité religieuse, laquelle ne pourrait s'obtenir qu'en faisant disparaître les sectes dissidentes qui subsistaient dans la Gaule.

Cette remarque faite à un prince idolâtre dénote que dès cette époque existait, dans l'esprit de la sainte, la résolution de convertir le chef frank à la vraie religion. La Providence vint seconder ses efforts : Clovis, s'étant rendu à la cour de Gondebaud, roi de Bourgogne, qui avait fait récemment assassiner Chilpéric, son frère, pour s'emparer de ses biens, eut l'occasion de remarquer la jeune Clotilde, fille du prince assassiné, dont la beauté le subjugua. Cette princesse, quoique vivant dans une cour infectée d'arianisme, avait été élevée dans la religion de Jésus-Christ, et pratiquait toutes les vertus enseignées par cette religion. Clovis, épris de ses rares qualités, força le Bourguignon à la lui donner pour épouse. Le mariage se fit à Soissons en 493. Dès-lors Geneviève ne fut plus seule pour accomplir l'œuvre qu'elle méditait. Des rapports intimes s'établirent entre ces deux femmes, également pieuses, également inspirées, pour modérer par leur douceur les brusques élans du caractère fougueux de Clovis et pour le faire renoncer au culte des idoles. Elles lui montraient le Dieu des chrétiens se servant de lui comme d'un instrument pour châtier les nations ariennes; elles lui faisaient sentir les avantages qu'il y aurait pour lui à s'allier au clergé catholique pour établir d'une manière stable sa domination dans la Gaule.

Ces insinuations déposées dans le cœur de Clovis ne tardèrent pas à porter leur fruit, et voici à quelle occasion. La route tracée par les Franks au sein de la Gaule était restée ouverte aux barbares du Nord; une puissante troupe d'Allemands, grossie d'un grand nombre de Suèves, s'y élança vers 495, et passa le Rhin à Cologne pour disputer à Clovis le prix de ses rapides conquêtes. A la nouvelle de cette invasion, Clovis réunit ses soldats et marche à la rencontre des étrangers. Les deux armées se

rencontrent à Tolbiac (1). Aussitôt s'engage
entre ces barbares également courageux, également impitoyables, une lutte désespérée. Le
combat durait depuis plusieurs heures, lorsque
les Franks, frappés d'une soudaine terreur, re-
culent tout à coup et méconnaissent la voix de
leur chef. Clovis, voyant chanceler sa fortune,
lève les yeux au ciel, et, le cœur déchiré de
douleur, s'écrie : « Dieu de Clotilde, j'invoque

avec foi ton secours ; fais-moi triompher de mes

(1. Aujourd'hui Zulpich, près de Cologne.

ennemis, et je croirai en toi, je me ferai baptiser en ton nom. » Les Franks répètent ce ser-
ment de leur chef, et aussitôt ils retournent au
combat. Le Christ semble combattre avec ses
nouveaux défenseurs, et bientôt les Allemands,
culbutés de toutes parts, courent chercher au
delà du Rhin le siège d'un autre empire; celui
de la Gaule appartient désormais aux Franks.
Clovis, au retour de son heureuse expédition,
s'empressa d'accomplir le vœu qu'il avait fait. Le
25 décembre 496, il se fit baptiser à Reims
par saint Remy, avec ses sœurs et la plus grande
partie de ses soldats. Cette cérémonie, accom-
plie au milieu des plus grandes pompes, fit de
la race franque le plus ferme appui de la religion chrétienne, et de son roi *le fils aîné de
l'Église.*

Quelques années après son baptême, le nouveau Constantin revint à Lutèce, qu'il érigea
en capitale de ses États. Il choisit pour sa ré-
sidence le vaste palais des Thermes, ancienne
maison des empereurs, dont les jardins s'é-
tendaient depuis la rue de la Harpe jusqu'à
l'emplacement qu'occupe maintenant l'église
de Saint-Germain-des-Prés. Malgré les fêtes
et les réceptions inséparables d'une cour, quelle
qu'elle soit, Geneviève ne fut pas oubliée par le

couple royal ; Clotilde se déclara l'amie, la sœur de la sainte fille, et la choisit pour la dispensatrice de ses bonnes œuvres. Avec un tel intermédiaire, la nouvelle royauté ne pouvait manquer de conquérir l'empire des cœurs ; aussi les sympathies des Parisiens lui furent-elles bientôt acquises, et Geneviève devint pour elle une sauvegarde plus sûre que les armées et les forteresses.

Une discussion de territoire avec Alaric, roi des Visigoths, appela bientôt Clovis à de nouveaux combats. Dans cette circonstance encore Geneviève lui fut d'un grand secours. A l'exemple des anciennes héroïnes de la Grèce et de Rome, on la vit parcourir les rues et les places de Lutèce, engageant les habitants à se joindre aux Franks pour sauver la religion chrétienne et repousser l'invasion étrangère. A sa voix les paisibles citadins quittèrent leurs familles, leurs occupations, leurs demeures, et accoururent se ranger sous la bannière de Clovis. Mais, avant d'entrer en campagne, le roi frank voulut donner à la sainte qui le servait si bien un éclatant témoignage de sa déférence et de sa vénération : il jeta, à sa demande, les fondements d'un temple au sommet du mont Lucotitius (1), à côté

(1) Aujourd'hui montagne Sainte-Geneviève.

des arènes servant aux spectacles publics, et plaça ce temple sous l'invocation de saint Pierre et de saint Paul. Une pareille attention remplit l'armée d'un saint enthousiasme, présage certain de la victoire. Au moment de quitter Lutèce, les bataillons furent réunis, et Geneviève, après avoir parcouru leurs rangs, en leur recommandant d'observer la discipline et de se montrer généreux envers les vaincus, répandit sur eux sa bénédiction.

Nous ne retracerons pas ici les événements de cette guerre pendant laquelle Clovis parut recevoir un appui mystérieux du Dieu qu'il venait de reconnaître. Vainqueur des Visigoths, il revint à Lutèce, où son entrée fut un triomphe. Toutefois ses succès ne l'enivrèrent point ; il en rapporta toute la gloire à la sainte femme qui l'avait si puissamment secondé de son influence et de ses conseils. Il redoubla même à son égard de soins et de condescendance. On rapporte que dans ses instants de mélancolie et de recueillement il avait coutume de se rendre au couvent de la Grève, et que là, oubliant la vie licencieuse, les habitudes turbulentes des camps, il passait de douces heures à converser avec la supérieure : toujours il en revenait avec un nouveau projet de réforme et plus disposé à faire le bien. Mais la mort ne lui laissa pas le

temps d'accomplir tout ce qu'il méditait : il expira en 1511, à peine âgé de quarante-cinq ans. On l'enterra dans la nouvelle église de Saint-Pierre et Saint-Paul, sépulture qu'il avait lui-même désignée.

VII.

Mort de Geneviève. — Histoire de ses reliques.

Clovis mort, Geneviève eut la douleur de
voir le diadème chrétien, qu'elle avait contri-
bué à placer sur la tête d'un seul, se partager
en quatre fleurons dont chacun alla orner le
front d'un des quatre héritiers du conquérant.
Ainsi se trouvait détruit, dès le début, le grand
œuvre auquel Clovis avait consacré tous ses
soins pendant sa vie. Geneviève dut se consoler
de ce qu'il n'était pas en son pouvoir d'empê-
cher ; seulement elle continua d'exercer son
influence sur l'esprit des quatre nouveaux rois
qu'elle avait vus naître, et qui avaient pour
elle le respect qu'on a pour une mère : ils ad-
miraient en elle non-seulement la protectrice
de leur race, mais encore la femme pieuse et
désintéressée, qui, pendant près d'un siècle,
s'était vouée au soulagement de toutes les in-
fortunes humaines.

Mais cette noble tâche touchait à son terme.
Dieu allait enfin appeler la sainte auprès de
lui : Geneviève le sentit à l'abandon de ses for-

4

ces. Loin de redouter cet instant suprême,
elle le vit au contraire approcher avec trans-
port; elle se mit alors à repasser sa vie, à faire
son examen de conscience, comme aurait pu
le faire une personne qui aurait vécu dans le
vice et l'iniquité, et trouva que, malgré tout
ce qu'elle avait fait, elle aurait pu faire encore
davantage. Bientôt elle tomba tout à fait malade
dans son couvent, et défendit qu'on appelât un
médecin, parce que, dit-elle, son heure était
venue, et que rien ne saurait la différer. Au lieu
des secours de l'art, ce furent ceux de la religion
qui entourèrent ses derniers moments. Le clergé
catholique vint auprès du lit de la mourante
réciter les litanies des agonisants, tandis que les
religieuses, dont elle était la mère, chantaient
de pieux cantiques. Son agonie fut courte et
sans douleur; après avoir reçu les derniers sa-
crements, après avoir béni les nombreux assis-
tants qui remplissaient la chambre mortuaire,
elle leva les yeux au ciel, et, entrant dans la
mort comme dans une extase, elle s'endormit
dans le Seigneur, le 3 janvier 512, à l'âge de
89 ans. Ce trépas répandit la consternation dans
Lutèce : l'Église, le peuple, la cour même pleu-
rèrent la perte de cette femme qui avait été le
refuge des affligés, la bienfaitrice des pauvres,

la conseillère des rois, en un mot, l'amie de tout le monde.

Avant d'expirer, Geneviève avait demandé que son corps fût déposé dans la crypte ou chapelle souterraine de l'église Saint-Pierre et Saint-Paul, à côté de celui de Clovis (1). A défaut d'exécuteur testamentaire désigné, les Parisiens, objet de sa sollicitude tant spirituelle que temporelle durant le cours de sa longue carrière, se chargèrent de l'accomplissement de sa dernière volonté. Ils l'ensevelirent avec de grands honneurs, et la déposèrent dans un cercueil en pierre, qu'ils entourèrent d'une

(1) L'église Saint-Pierre et Saint-Paul, commencée par Clovis, achevée par Clotilde, sa femme, prit dans la suite le nom de Sainte-Geneviève. Des moines la desservirent jusqu'en 846, époque où les Normands la brûlèrent. Lorsqu'elle fut rebâtie, on la donna à des chanoines séculiers; mais, comme leur vie ne fut pas toujours exemplaire, elle leur fut enlevée en 1148 par l'autorité réunie du pape Eugène III et de l'abbé Suger, premier ministre de Louis-le-Jeune; on mit à leur place des chanoines réguliers que l'on tira de l'abbaye de Saint-Victor, lesquels se distinguèrent autant par leur piété que par l'austérité de leurs mœurs. L'église, réparée sous les règnes de Charles VIII et de Henri IV, a été démolie en 1807. La seule partie qui ait été respectée est une tour carrée fort élevée, qui se trouve enclavée dans les anciens bâtiments de l'abbaye, aujourd'hui collège Henri IV.

Sous Louis XV, l'architecte Soufflot construisit une nouvelle basilique en l'honneur de l'immortelle vierge

grille en bois. Au-dessus fut suspendue une lampe, dont la flamme, entretenue le jour comme la nuit, devait éclairer éternellement ces précieuses reliques.

Après la mort de Geneviève, l'Église s'empressa de rendre à sa mémoire de justes et religieux honneurs; elle fut canonisée, et chacun embrassa sa dévotion avec enthousiasme. Le lieu qu'habitaient ses dépouilles devint un but de pèlerinage, où l'on venait de toutes parts implorer son intercession auprès de Dieu contre tous les genres de souffrances qu'elle avait soulagées de son vivant. Il semblait que la no-

de Nanterre, pour remplacer l'ancienne, qui déjà à cette époque menaçait ruine. Mais la Révolution, peu soucieuse de reconnaitre les services de la Jeanne d'Arc lutécienne, changea la destination de son temple; elle décréta qu'il serait la sépulture de tous les hommes qui auraient bien mérité de la patrie. Le vocable de Sainte-Geneviève fut alors remplacé par l'appellation mythologique de *Panthéon*, qui veut dire temple destiné à tous les dieux, et l'inscription *Aux grands hommes la patrie reconnaissante* décora le fronton de la basilique chrétienne. La Restauration s'empressa de rendre à la patronne de Paris le culte que la Révolution lui avait ravi. Mais les événements de Juillet 1830 sont venus faire avorter ce commencement de réhabilitation. L'inscription fastueuse a repris sa place et l'église Sainte-Geneviève est redevenue Panthéon. Seulement jusqu'à ce jour aucun grand homme n'y a encore reçu les honneurs de la sépulture, et la basilique n'est plus maintenant qu'une superbe solitude.

ble femme quittât la terre pour consoler, rassurer et guérir. Tant de miracles s'ensuivirent,
que la ville de Paris ne tarda pas à se ranger
officiellement elle même sous la protection de
la sainte : elle l'adopta pour patronne.

Sous le règne de Dagobert Ier, le tombeau
de sainte Geneviève fut orné par saint Éloi
d'ouvrages d'orfévrerie, c'est-à-dire de rinceaux
d'or et d'argent, formant au-dessus du monument une espèce de petit édifice qu'on a pris à
tort pour une châsse. Quand commencèrent les
invasions des Normands, en 841, les chanoines de Sainte-Geneviève, voulant mettre leur
précieux trésor à l'abri des profanations des
barbares, ouvrirent le tombeau, et en retirè-
rent les saintes reliques, qu'ils placèrent dans
un coffre en bois recouvert de quelques feuilles
d'argent. Ce coffre fut d'abord porté au village
d'Athis, à trois lieues de Paris, sur la rive gau-
che de la Seine, puis à Draveil, seigneurie ap-
partenant à l'église de Sainte-Geneviève, et située de l'autre côté de la rivière presqu'en face
d'Athis. Sa rentrée dans Paris eut lieu en 853,
après le départ des Normands. On le plaça alors
au-dessus du maître-autel de l'église de la
sainte, et non plus dans la crypte.

Mais les Normands n'étaient pas partis sans

retour. Vers l'an 884, leurs barques remontè-
rent la Seine, plus nombreuses que jamais, et
menacèrent de nouveau Paris. Le sentiment de
terreur qu'inspiraient ces barbares était si grand
qu'il avait pris, pour ainsi dire, un caractère
traditionnel, et que les religieux de Sainte-
Geneviève eux-mêmes étaient dans l'usage
d'ajouter ce verset à la fin de leurs litanies :
« Seigneur, délivrez-nous de la fureur des Normands ! » A la nouvelle de leur approche, les
bons religieux transportèrent la châsse de sainte
Geneviève à Marisy, au pays de Valois, à 17
lieues de Paris, où ils possédaient un territoire
avec une chapelle. Elle resta dans cette nouvelle
demeure jusqu'en 891, année vers laquelle les
Parisiens furent délivrés pour toujours de la
crainte ou du moins des ravages des Normands. Dans tous les endroits par où passèrent
les reliques en revenant à Paris, il y eut, dit
la chronique, des miracles et des cures merveilleuses.

Le nom de Geneviève, toujours invoqué dans
les grandes calamités publiques par les Parisiens, le fut particulièrement en 1130, sous le
règne de Louis-le-Gros, lorsqu'une épidémie
désignée sous le nom de *feu sacré* ou *mal des
ardents* désola la capitale. Cette maladie ter-

rible, endémique dans une grande partie de l'Europe pendant les neuvième, dixième et onzième siècles, avait pour principal symptôme une espèce de paralysie et de gangrène dans les extrémités, et consumait par un feu secret et meurtrier ceux qui en étaient atteints. En vain l'art des médecins mit tout en usage pour trouver des remèdes contre un pareil fléau. Etienne, évêque de Paris, prélat d'une sainteté éminente, avait beau ordonner des jeûnes, des processions à Notre-Dame, des messes dans toutes les églises ; Dieu ne se laissait point fléchir : il semblait au contraire que la contagion ne fît que redoubler ses ravages. A la fin, le prélat alla trouver le doyen des chanoines de Sainte-Geneviève, et le pria de permettre que la châsse de la sainte fût portée processionnellement à Notre-Dame, espérant que cette procession serait plus efficace que celles qu'il avait ordonnées jusqu'alors. Le chanoine ne put se refuser à satisfaire un désir exprimé au nom de toute une population réduite au désespoir. La châsse fut descendue et transportée à Notre-Dame au milieu d'une foule si compacte qu'à chaque pas la marche du saint cortége en était interrompue. Enfin, les reliques dans lesquelles le peuple avait placé sa dernière espérance touchèrent aux portes de la cathédrale. L'intercession de la sainte ne se fit pas longtemps attendre. Tous les malades qui bordaient les deux côtés de la nef depuis la porte d'entrée jusqu'à l'autel se sentirent guéris à mesure que la précieuse châsse passa devant eux. De ce moment Paris fut délivré du mal terrible qui décimait si cruellement sa population.

Il serait impossible de peindre le saint enthousiasme que cette guérison miraculeuse excita parmi le peuple. L'année suivante, le pape Innocent II, étant venu à la cour de Louis-le-Gros chercher un refuge contre les persécutions de l'antipape Anaclet, ordonna, après avoir constaté l'authenticité du miracle des Ardents, qu'on en célébrerait tous les ans la mémoire le 26 novembre. Dans cette cérémonie, qui se célébra avec la plus grande pompe pendant plusieurs siècles, les chanoines réguliers de sainte Geneviève marchaient nu-pieds et avaient la droite sur le chapitre de la cathédrale; leur abbé l'avait aussi sur l'archevêque de Paris. Innocent fonda, en même temps, tout près de Notre-Dame, une église qui fut d'abord appelée *Sainte-Geneviève de la Cité*, et ensuite *Sainte-Geneviève des Ardents*. Cette église subsista jusqu'en 1747, époque où elle fut démolie pour faire place à l'Hôpital des Enfants-Trouvés. Sur son emplacement existe aujourd'hui, entre les rues Neuve-Notre-Dame et St-Christophe, un grand bâtiment où est installée l'administration des hospices.

A partir du miracle des Ardents, Paris ne fut assailli par aucun fléau, par aucune calamité, sans que la châsse de sainte Geneviève ne fût descendue de l'autel de son église et promenée solennellement, en faisant de longs détours, jusqu'à l'église Notre-Dame. L'honneur de porter ce précieux fardeau appartenait à une confrérie recrutée dans la bourgeoisie parisienne. Il fallait, pour en faire partie, être probe et bon catholique. L'usage de ces descentes de châsse subsista jusque vers le milieu du dix-huitième siècle. La dernière qui soit citée est celle qui eut lieu en 1744 à l'occasion de la maladie du roi Louis XV à Metz.

Les reliques de sainte Geneviève furent renfermées dans le coffre en bois décoré par saint Eloi, jusqu'au treizième siècle. En 1242, Robert de La Ferté-Milon, abbé du monastère, remplaça cette châsse modeste par une plus magnifique, dans laquelle il entra, dit-on, 193 marcs d'argent et 7 marcs et demi d'or. Les rois et les reines de France se complurent par la suite à orner cette nouvelle châsse des pierreries les plus précieuses. Le bouquet et la couronne de diamants qui la surmontaient étaient deux présents faits, le premier par Marie de Médicis, le second par Élisabeth d'Orléans, reine douairière d'Espagne. Le grand-autel sur lequel elle reposait fut décoré des ornements les plus splendides par le cardinal de La Rochefoucauld, abbé de Sainte-Geneviève. En 1793, toutes ces richesses tentèrent l'avidité des hommes aux mains de qui était tombé le pouvoir, et pour lesquels il n'y avait plus ni religion ni saints. Ils s'en emparèrent et les firent transporter à l'Hôtel des Monnaies pour être converties en numéraire (16 brumaire an II). Quelques jours après, ils ordonnèrent que la châsse elle-même fût publiquement brûlée en place de Grève, faisant ainsi subir aux dépouilles mortelles de la sainte le martyre qui lui avait manqué pendant sa vie.

Les hommes de la Terreur purent bien profaner les reliques de la vierge de Nanterre, mais il leur fut impossible d'étouffer le sentiment de vénération dont elle continua d'être l'objet de la part des fidèles. Dix ans après l'auto-da-fé de la place de Grève, c'est-à-dire en 1803, lorsque les églises furent rouvertes, la pierre principale de l'antique tombeau de la sainte, qui avait échappé comme par miracle à la mutilation révolutionnaire, fut retrouvée

dans la chapelle souterraine de l'abbaye. Les marbres qui la recouvraient avaient seuls été détruits. Le respectable Amable de Voisins, alors curé de Saint-Étienne-du-Mont, animé du désir de faire revivre le culte solennel qu'on rendait anciennement à Geneviève, sollicita et obtint du cardinal de Belloy, archevêque de

Paris, l'autorisation de transférer dans son église la pierre retrouvée et plusieurs autres objets réunis dans le même massif, dont l'authenticité fut attestée par l'ancien abbé de Sainte-Geneviève et quelques-uns de ses chanoines. Cette translation eut lieu le 20 décembre 1803, et un an après, le pape Pie VII, venu à Paris pour couronner Napoléon empereur, donnait l'exemple du retour à la dévotion envers la sainte en venant lui-même s'agenouiller devant son tombeau restauré. Ce monument, simple comme la femme dont il rappelle la mémoire, repose dans une chapelle à droite du chœur de Saint-Étienne-du-Mont, où il est entouré d'une massive grille en fer (1).

(1) On lit sur une plaque de marbre placée près de cette tombe l'inscription suivante, qui résume toute la vie de notre sainte :

« Cette tombe que le temps a usée est la même où le
» corps de sainte Geneviève fut déposé le 3 janvier 512,
» et où il est resté cent vingt ans ; depuis qu'une châsse,
» ouvrage de saint Éloi, eut reçu les ossements et les
» cendres de la patronne de Paris, cette pierre, qui les
» avait renfermés, fut toujours l'objet de la vénération
» des fidèles. Dépouillée des ornements dont l'avait revê-
» tue la piété du cardinal de Larochefoucauld, mais
» heureusement conservée dans l'église souterraine de
» l'Abbaye, elle reparaît ici après nos tempêtes, seul
» monument d'une sainte qui, sur la terre, sauva deux
» fois les habitants de cette capitale, et qui, dans le
» ciel, n'a cessé de leur être propice. »

Ainsi, malgré le temps, malgré les nombreuses révolutions accomplies au sein de la grande ville, le souvenir de la vierge de Nanterre n'a rien perdu de son empire sur l'esprit des Parisiens ; aujourd'hui comme autrefois elle est leur sainte de prédilection, celle en qui ils placent toute leur confiance. Tous les ans, à partir du 3 janvier, anniversaire de sa mort et de sa fête, la neuvaine instituée en son honneur attire à l'église Saint-Étienne-du-Mont une foule considérable de fidèles qui viennent prier sur la seule pierre qui nous reste de son tombeau. Pendant les autres mois de l'année on y vient aussi non-seulement de l'intérieur de la ville, mais encore des pays d'alentour, ceux-ci pour demander à la sainte la guérison de leurs parents malades, ceux-là pour trouver près de sa tombe soutien et consolation.

Geneviève est, aux yeux du peuple, l'intermédiaire des affligés auprès de Dieu. Son image, si souvent reproduite par la peinture, est pour tous l'idéal de la douceur et de la bonté : la vue de cette noble figure fait naître en nous le respect et l'admiration, soit qu'elle nous apparaisse sous les traits d'une pauvre bergère filant au fuseau en gardant ses moutons, soit que nous la contemplions au milieu de sa pompe céleste, telle que Gros nous l'a montrée dans la coupole du temple d'où son culte a été banni.

FIN.

TABLE.

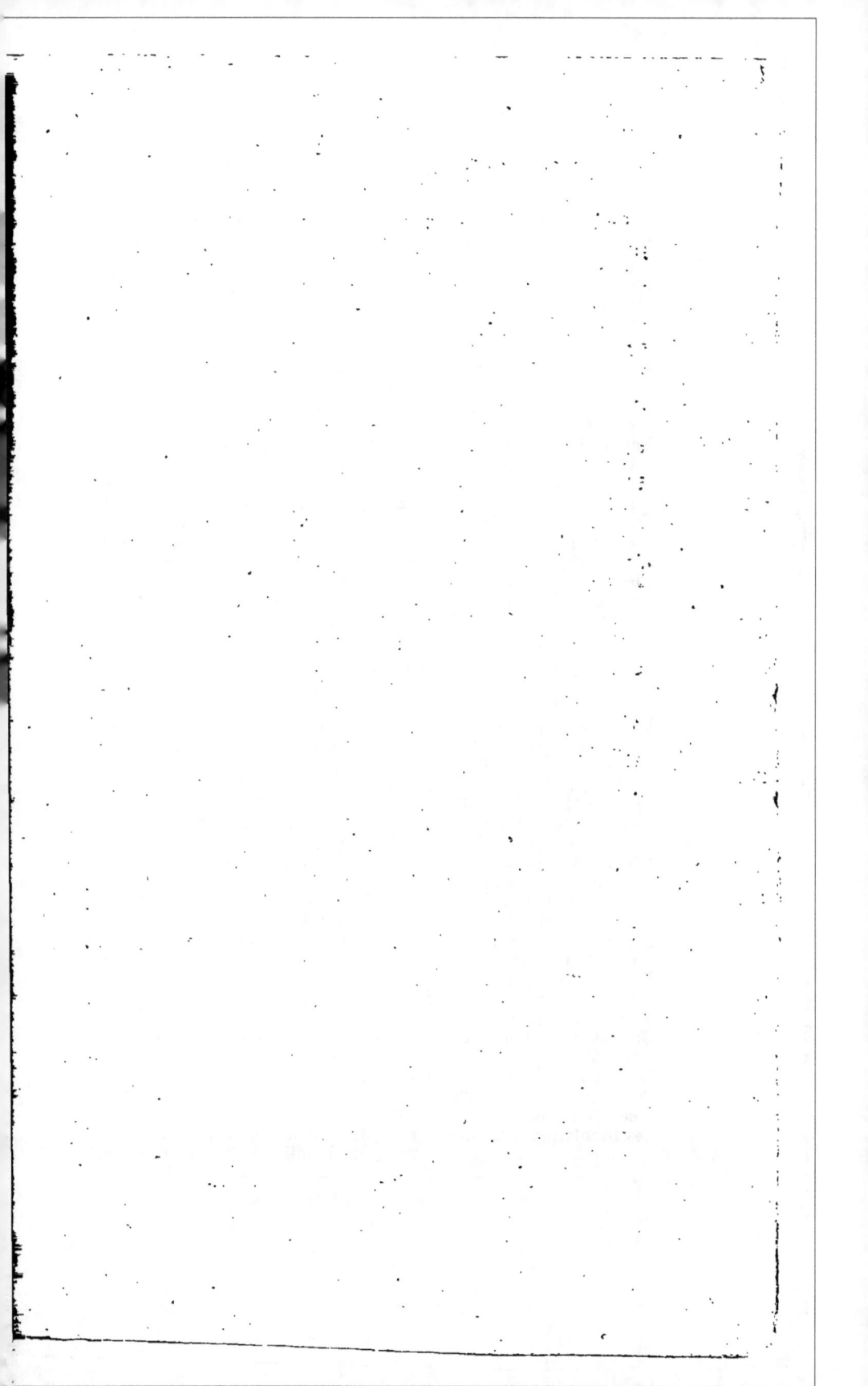

*Ouvrages en vente et approuvés par Monseigneur
l'archevêque de Paris.*

Prix : broché, 30 centimes; cartonné, 35 cent.

Histoire de l'Ancien Testament.	3 vol.	Le Nid de Ramoneurs.	1 vol.
		La Bûche de Noël.	1 vol.
Histoire du Nouveau Testament.	2 vol.	Histoire d'Angleterre.	4 vol.
		Laideur et Beauté.	1 vol.
Histoire de France.	4 vol.	Les Péchés capitaux, par M. Fournier.	2 vol.
Promenades géographiq.	2 vol.		
Petite Morale en action et en images.	2 vol.	Histoire de sainte Geneviève, p. M. Valentin.	1 vol.
Petite Histoire des Arts et Métiers.	2 vol.	Histoire de saint Vincent de Paul, p. M. Nizard.	1 vol.
Petite Histoire de Paris et de ses environs.	1 vol.	Le père Lejeune et Samuel le bon fils, par M. A. Chailly.	1 vol.
Eléments de la Grammaire française.	1 vol.	L'habitant des Ruines, id.	1 vol.
Fables choisies de La Fontaine.	1 vol.	Les Pains de six livres, par M. H. Berthoud.	1 vol.
Arithmétique.	1 vol.	Comment on devient heureux, p. Mlle Valmore.	1 vol.
Pierre Desbordes ou le danger des mauvaises liaisons, par M. d'Exauvillez.	2 vol.	Le Contre-Maître, par M. T. Castellan.	1 vol.
		La Visite aux Prisonniers.	1 vol.

*Ouvrages soumis à l'approbation de Monseigneur l'archevêque
et qui paraîtront en 1844. Un vol. tous les samedis.*

Vie de la sainte Vierge, par M. Egron.	2 vol.	Histoire d'Allemagne.	4 vol.
Histoire du Culte de la Vierge, id.	1 vol.	Une Jeune Fille du Peuple, p. Mlle Cromback.	1 vol
Vie de M. l'abbé Mérault, vicaire-général d'Orléans, p. le même.	1 vol.	Comment on devient sage, p. Mlle Valmore.	1 vol.
Vie de M. l'abbé Anot, de Reims, p. le même.	1 vol.	Petites Lettres édifiantes, ou Lettres des Missionnaires en Chine et au Japon.	2 vol.
Histoire de Hollande, p. M. H. Berthoud.	4 vol.	— En Océanie.	1 vol.
		— En Afrique.	1 vol.
Histoire de Belgique, par M. Le Glay.	4 vol.	— D. l'Amérique du nord.	1 vol.
		— D. l'Amérique du sud.	1 vol.
Tambour et Trompette, par M. Ourliac.	1 vol.	Soirées des Enfants, contes, par Mme Desbordes-Valmore.	1 vol.
Frère Joseph, id.	1 vol.		
Un Pauvre devant Dieu, par Mlle Cromback.	1 vol.	Les Enfants devant Dieu, par la même.	1 vol.
Les Pet. Enfants célèbres.	1 vol.	La Mère de Famille, id.	1 vol.
Petite Histoire des Eglises de Paris.	1 vol.	Souvenirs d'une Grand'-Maman, idem.	1 vol.
Les Bienfaiteurs de l'humanité.	1 vol.	Les Heures du Berceau.	1 vol.
		La Famille du Pêcheur.	1 vol.

IMPRIMÉ PAR BÉTHUNE ET PLON, A PARIS.